Le tombeau de Jacques de Molay

ou
Le secret des conspirateurs à ceux qui veulent tout savoir
(Le tombeau de Jacques Molai)

Charles-Louis Cadet de Gassicourt

Books On Demand

LE TOMBEAU DE JACQUES DE MOLAY

Première édition sous le titre Le tombeau de Jacques Molai, Paris 1797. Nous avons stabilisé dans la présente édition la graphie originelle du patronyme.

Plusieurs éditions du même texte sont disponibles à la BNF. On retiendra la seconde édition parue en 1797 sous le titre : Le tombeau de Jacques Molai ou Histoire secrète et abrégée des initiés, anciens et modernes, des Templiers, francs-maçons, illuminés, etc. Et recherches sur leur influence dans la révolution française ; suivie de la Clef des Loges. Seconde édition

Source BNF : https://gallica.bnf.fr/ark:/12148/bpt6k62674264/f17.texteImage

Copyright © 2020 Charles-Louis Cadet de Gassicourt
Édition : BoD – Books on Demand, 12/14 rond-point des Champs-Élysées, 75008 Paris. Impression : BoD - Books on Demand, Norderstedt, Allemagne.
ISBN : 9782322255238
Dépôt légal : Octobre 2020
Tous droits réservés

L'observateur philosophe, qui, sans appartenir à aucun parti, étudie dans le silence du cabinet ; celui qui tient la plume de l'histoire, et qui s'est chargé de la pénible fonction de transmettre à la postérité les annales de nos vertus et de nos crimes ; pourront-ils se rendre compte de la cause de toutes les fluctuations, de tous les événements bizarres, étonnants ou atroces qui se succèdent avec tant de rapidité, et dont le paisible ami de l'ordre est le jouet depuis sept ans ? Non, sans doute, un voile impénétrable doit peut-être couvrir les ressorts compliqués de nos révolutions.

On reconnaît bien dans les vainqueurs de Gemmappe et de Fleurus, les mêmes Français qui triomphèrent sous Créqui, Turenne et Catinat. Ce peuple qui, plein d'une aveugle rage, massacre des prisonniers sans défense, qui insulte avec fureur les meilleurs citoyens conduits à l'échafaud ; qui, burlesquement féroce, se console par des chansons des maux les plus cruels, est bien ce même peuple qui dévora les restes sanglants du maréchal d'Ancre ; ce même peuple qui, le lendemain de la Saint-Barthélemy, chantait dans Paris, *passio Domini nostri Gaspardi Coligni secundum Bartholomeum*. Mais, incapable de juger ce qu'il fait, quelle est la main qui le dirige ?

J'ai lu l'histoire des proscriptions ; celles des Juifs, des Chrétiens, des Mithridate, de Marius, de Sylla, des Triumvirs, les boucheries de Théodose et de Théodora, les fureurs des Croisés et de l'Inquisition, les supplices des Templiers, l'histoire des massacres de Sicile, de Merindol, de la Saint-Barthélemy ; ceux d'Irlande, du Piémont, des Cévennes, du Nouveau-Monde. J'ai frémi en comptant vingt-trois millions cent quatre-vingts mille hommes froidement égorgés POUR DES OPINIONS ! Mais je n'ai vu, dans chacun de ces attentats, qu'une seule cause, et nos malheurs semblent produits par toutes celles qui, dans les siècles de barbarie, ont fait verser le sang des hommes.

Interrogez séparément un historien, un calculateur, un philosophe, un politique ; demandez-leur quel est le démon dévastateur qui déchire la France, qui épuise la population, qui corrompt la morale, qui bouleverse les propriétés, qui ruine le trésor public ; demandez-leur aussi quel est le génie créateur qui familiarise le peuple avec les idées de la saine philosophie, qui lui enlève les préjugés, et lui fait adopter de sages institutions ; demandez-leur qu'ils débrouillent ce chaos, ce mélange étonnant de vertus et de forfaits, de courage et de lâcheté, de génie et de stupidité ; ils vous répondront tous différemment.

L'un supposant le peuple agissant par lui-même, et toujours pour le bien, attribuera tous les malheurs de la révolution à la faction de l'étranger. En voyant les rôles distribués aux suisses *Pache* et *Marat*, à l'autrichien *Proly*, l'espagnol *Gusman*, au prussien *Clootz*, au polonais *Lazouski*, à l'italien *Buonarotti*, au prince Charles de Hesse, à Miranda, Marchena, Westermann, Wimpfen, Kellermann, etc.; il tentera de démontrer comment la France a toujours été la victime de ses ennemis naturels. Ce système peut acquérir beaucoup de vraisemblance.

L'autre croira tout expliquer, en vous faisant l'histoire des préjugés et des passions humaines. Selon lui, l'orgueil de la noblesse, l'avarice des parlements, le fanatisme des prêtres, l'esprit de corps, l'amour de la nouveauté, l'ambition, sont les seuls éléments de nos troubles.

Celui-là s'imaginera, peut-être avec fondement, reconnaître dans les excès populaires, la vengeance des protestants proscrits par la révocation de l'édit de Nantes.

Un quatrième, partisan de la fatalité, ne verra d'autre cause motrice que le hasard. S'il est superstitieux, il vous parlera de la fameuse prophétie qui attira, il y a deux ans, tant de curieux à la bibliothèque et qui se termine par promettre que *l'aigle rapportera en France le rejeton des lys...*; ou bien il vous citera la vision de Childéric, rapportée dans *le Trésor de l'Histoire de France*[1]. Comme ce morceau recherché des fatalistes n'est pas très connu, on me saura gré de le transcrire ici :

« Bassine, la première nuit de ses noces avec le roi Childéric le pria de s'abstenir de copulation charnelle et qu'il eut à se tenir à la porte de son palais. Il y alla et vit en la cour, comme des licornes, léopards

---

[1] Imprimé à Roucu en 1650, chez Antoine Ferrand; dédié à M. de Machault.

et lions. Cela vu, s'en retourna tout épouvanté en sa chambre, et le raconta à la reine, laquelle le pria d'y retourner pour la seconde fois ; ce qu'il fit et vit comme des ours, loups et autres bêtes ravissantes courant sur les unes les autres. Étant revenu annonça a la reine sa vision, laquelle le pria a grande instance de retourner : lors il lui sembla voir des chiens, des chats *avec autres petits animaux* qui se mordaient et se déchiraient l'un l'autre. Au matin la reine lui expliqua ses visions, disant que de leurs semences sortiraient nobles rois forts, et vaillants comme licornes et lions ; que la seconde lignée serait encline à la rapine comme loups et ours ; et par les chiens et chats qui se battaient était signifié que vers la fin de la monarchie ceux qui tiendraient la couronne seraient sans vertu vicieux et avares ; et les petits animaux dénotaient *le populaire* qui s'entretuerait l'un l'autre. »

Tout homme sensé lève les épaules en lisant de pareilles puérilités, ou tout au plus il rit de la sage précaution de Bassine, qui attend pour expliquer la vision du roi, qu'il ait complètement rempli son devoir marital ; tout philanthrope souhaitera qu'il n'y ait pas plus de réalité dans les révélations suivantes.

Je vais parler des Adeptes, des Initiés, des Francs-Maçons, des Illuminés ; dévoiler leurs terribles mystères, leurs attentats politiques, et faire connaître l'influence qu'ils ont eue dans notre révolution.

Citoyens, qui voulez la liberté de tous, connaissez vos amis intérieurs, vos assassins ; et vous, puissants dépositaires du pouvoir exécutif, si nul de vous n'a juré sur la tombe de *Molai*, hâtez-vous de délivrer la France, ou tremblez pour vous-même.

L'homicide confédération des Adeptes dure depuis six siècles. Ils armèrent Harpocrate d'un poignard, et leur secret fut gardé. Tout est nouveau dans leur histoire et l'on me pardonnera de remonter son origine.

Après les croisades, des chevaliers se consacrèrent à la défense du Saint-Sépulcre, et s'établirent, en 1118, à Jérusalem, sous le nom de Templiers ou chevaliers de la Milice du Temple. Le roi Beaudouin II leur donna une maison située auprès de l'église de Jérusalem, qu'on disait avoir été autrefois le temple de Salomon. Après la ruine du royaume de Jérusalem, en 1186, les Templiers se répandirent dans tous les états de l'Europe, firent de nombreux prosélytes, et s'enrichirent aux dépens de tous les états. En 1312, ils possédaient en Europe *neuf mille seigneuries*.

De si grands biens excitèrent l'envie, leur firent beaucoup d'ennemis ; et Philippe-le-Bel, secondé par le pape Clément V, dont ils refusaient de reconnaître l'autorité, résolut de les faire périr. Leur histoire a été faite par M. Dupuis ; mais ce que cet écrivain ne savait pas, c'est que ces chevaliers, qui s'étaient juré entre eux fraternité, étaient convenus entre eux de signes et de paroles pour se reconnaître par toute la terre ; c'est qu'ils tenaient effectivement des assemblées mystérieuses, et que, déguisant leurs intentions sous des cérémonies symboliques, ils formèrent le projet d'usurper la souveraineté de tous les empires, comme ils avaient usurpé les plus grands biens de l'Europe.

Philippe-le-Bel envoya un ordre à tous les officiers

du royaume pour les arrêter, et le 13 octobre 1309, ils furent tous saisis en France. Le pape publia des bulles pour engager les puissances à imiter Philippe-le-Bel. La Castille, l'Aragon, la Sicile et l'Angleterre obéirent.

Jacques Molai, grand-maître de l'ordre, fut mis à la bastille[2]; du fond de sa prison il créa quatre loges-mères; savoir: pour l'Orient, *Naples*; pour l'Occident, *Édimbourg*; pour le Nord, *Stokholm*; et pour le Midi, *Paris*.

Cependant, soixante-neuf chevaliers, après avoir souffert les plus grandes tortures, furent brûlés vifs à la porte Saint-Antoine. Jacques Molai, et Guy Dauphin d'Auvergne, furent jetés dans les flammes le 18 mars 1314, à la même place où était la statue équestre d'Henri IV. En montant sur le bûcher, Molai annonça le jour et l'heure où périraient le roi et le pape; Bossuet et Hugues des Payens, conviennent que sa prédiction s'est vérifiée. Il n'est resté de la première institution, que l'ordre de Malte.

Le lendemain de l'exécution de Molai, des Templiers *déguisés en Maçons*, vinrent recueillir les cendres du bûcher. Quinze jours après, le nommé *Squin de Floriau*, chevalier apostat, qui avait dénoncé l'ordre, meurt assassiné. Le Pape le fait enterrer à Avignon, et le béatifie; mais les Templiers enlèvent son corps de son tombeau et y déposent les cendres de Jacques Molai. Alors, les quatre loges de francs-maçons créées par le Grand-Maître s'organisent, et tous les membres y prêtent serment D'EXTERMINER TOUS LES ROIS ET LA RACE

---

[2] La bastille n'étoit alors qu'une porte de ville flanquée de deux tours.

DES BOURBONS ; DE DÉTRUIRE LA PUISSANCE DU PAPE ; DE PRÊCHER LA LIBERTÉ DES PEUPLES ; ET DE FONDER UNE RÉPUBLIQUE UNIVERSELLE.

Pour n'admettre à leur vaste projet que des hommes sûrs, ils inventèrent les loges ordinaires de maçonnerie, sous le nom de Saint-Jean, de Saint-André. Ce sont celles que l'on connaissait en France, en Allemagne, en Angleterre ; sociétés sans secret, dont les singeries ne servent qu'à donner le change, et à faire connaître aux vrais maçons les hommes qu'ils peuvent associer à la grande conspiration. Ces loges que je pourrais appeler préparatoires, ont un but d'utilité réelle ; elles sont consacrées à la bienfaisance, et elles ont entre les différents peuples, des liens de fraternité infiniment estimables ; aussi, vit-on les hommes les plus vertueux rechercher avec empressement de pareilles sociétés. Les vrais Templiers, ou *Jacobins* ne tiennent point loge. Leurs assemblées s'appellent *Chapitre*. Il y a quatre chapitres, un dans chaque ville désignée par Jacques Molai, et composés chacun de vingt-sept membres. Leur mot d'ordre est *Jakin Boos Mac-benach Adouaï 1314*, dont les lettres initiales sont celles de *Jacobus burgundus Molai beat. anno Domini 1314*. Les autres mots sacramentels sont Kadosch, qui signifie régénérateur ; Nekom, *qui retranche du nombre des vivants* ; Paul Kal Pharaskal, *qui met à mort les profanes*. Quand ils s'abordent dans leurs assemblées, ils se prennent les mains comme pour se poignarder. Ils portent, pour se reconnaître, un anneau d'or émaillé de rouge ; et dans le cas de danger, ils ont sur la poitrine une croix de Malte de drap écarlate. Lorsqu'ils entrent dans une loge, ils ont seuls le droit de traverser dans le milieu du tapis qui est vis-à-vis le trône. Tous les Francs-Maçons des loges ignorent qui ils sont.

Cet esprit de rapine, cette vengeance héréditaire, ce fanatisme régicide sont difficiles à concevoir dans des hommes dont l'association primitive était consacrée par la religion. On en trouvera peut-être l'origine dans leurs liaisons avec *le vieux de la Montagne*, ce brigand fameux établi entre Damas et Antioche. Il faut se rappeler qu'après les croisades, la Palestine fut ravagée par un prince de la famille des Arsacides, nommé Ehissessin (dont les Français, dit Voltaire, ont composé le mot assassin). Cet homme étonnant, maître de douze villes autour de Tyr, avait un vaste palais au milieu des montagnes. C'est là qu'il élevait un grand nombre de jeunes gens à obéir aveuglément à ses ordres; il les plongeait dans tous les délices de la volupté; il les enivrait, les transportait dans des jardins enchantés, où tous les plaisirs leur étaient offerts.

Les parfums les plus suaves, les mets les plus exquis, les chants les plus mélodieux, les femmes les plus belles charmaient ces jeunes néophytes, et réveillaient à la fois, dans leurs cœurs, les passions les plus impétueuses: alors un sommeil forcé les livrait au vieux de la Montagne, qui, prenant le ton d'un inspiré, leur disait que le bonheur qu'ils avaient goûté, était celui que réservait l'Éternel à ceux qui avaient le courage de servir sa juste vengeance contre les princes coupables qui opprimaient la terre. Si la ruse réussissait, il les armait d'un poignard, et les envoyait assassiner les rois. C'est par eux que périt en 1213, Louis de Bavière, un des meilleurs princes de son siècle. Les Templiers leur firent longtemps la guerre ; et n'ayant pu les détruire, ils se contentèrent d'en exiger des tributs ; mais en 1257, les Tartares ayant tué *le vieux de la Montagne*, les Chevaliers du Temple réunirent ses possessions à leurs domaines, se mêlèrent avec les disciples d'Ehissessin, et ce fut là sans doute, qu'ils puisèrent la nouvelle doctrine qui dirigea depuis les successeurs de *Jacobus Molai*. Reprenons leur histoire.

Dans les premiers temps, faibles, craintifs, sans biens, sans puissance, ils ne s'occupèrent qu'à chercher les trésors enfouis par leurs fondateurs, dans le commencement des persécutions des Templiers, et dont plusieurs d'entre eux possédaient le secret. Ils en ont recouvré beaucoup ; il en existe encore à leur connaissance, surtout dans l'île de Candie qui, malheureusement pour eux, est dans la puissance des Turcs. Ce fut cependant à l'époque de la formation des loges, que parut le célèbre *Rieuzi*, cet homme prodigieux, qui, né dans la bassesse, s'éleva à la dignité de tribun qu'il fit revivre, prétendit rappeler dans Rome dégradée, les vertus et la valeur de ses premiers habitants, et rendre à cette ancienne capitale du monde, son premier empire. Il eut assez de confiance dans ses forces pour appeler à son tribunal l'Empereur et le Pape, et assez de crédit pour se rendre redoutable à ces deux puissances.

Les Templiers-Conspirateurs ont pour principes que tout homme capable de grands coups, de quelque religion, de quelque état qu'il soit, peut être initié ; mais qu'il ne faut commettre que des crimes nécessaires, tendant au but de l'institution, et en fomentant des séditions populaires. Voilà pourquoi il y a eu des initiés parmi les Turcs comme parmi les Chrétiens, parmi les grands, comme parmi les simples citoyens. Leur règle s'appelle *Constitution*[3].

On connaîtra leur esprit par leurs œuvres, quand on saura que *Mazaniello*, ce terrible Jacobin Sicilien, qui prêcha l'indépendance, chassa le Vice-roi de Naples, et ne montait sur son tribunal populaire qu'entouré de têtes de proscrits, était initié ; que Cromwel, qui fit périr Charles Ier sur l'échafaud, et rétablit la Franc-Maçonnerie en Angleterre, était initié ; que les Supérieurs des Jésuites étaient initiés ; les Jésuites qui ont fait assassiner Henri IV et Louis XV, qui ont poignardé le Stathouder Maurice de Nassau, qui ont empoisonné Henri VII, empereur, d'une hostie saupoudrée par la main sacrilège de *Monte-Pulciano*, ont été convaincus de trente-neuf conspirations et de vingt et un régicides[4].

Mayenne, qui fit prêter le serment de la ligue dans la même salle où les Jacobins de Paris s'assemblaient, était initié. Ce sont eux qui ont dirigé la révolution de Portugal, en 1640 ; qui la préparèrent pendant trois ans, avec un secret incroyable ; qui proscrivirent Philippe IV ; massacrèrent Michel Vasconcellos[5].

---

[3] Le niveau de l'égalité, le bonnet de la liberté, les couleurs nationales, une foule de mots nouveaux, consacrés par la révolution se trouvent dans les loges maçonniques.
[4] Arrêt du parlement de Paris, du 6 août 1762, qui chasse les Jésuites. Les a-t-il tous chassés ? Je voudrois l'affirmer : mais à quelle école nos grands révolutionnaires ont-ils été élevés ?
[5] Lisez l'histoire de révolutions de Portugal et de la conspiration du Brésil.

On peut se rappeler ce fameux tribunal secret qui, présidé par *Brockaghif*, fit périr sous le poignard tant de seigneurs souverains de l'Allemagne[6]. *Brockaghif* était le chef d'un chapitre. Ce sont ses disciples qui, pour renverser l'Impératrice de Russie, voulurent fonder la ville et la forteresse de Gerzom, sur la mer noire, et y établir une colonie libre d'initiés. Catherine, découvrit le complot, et trois seigneurs de sa cour, qui y avaient trempés furent décapités. En 1781, les Francs-Maçons de Pétersbourg, divisés en deux partis, prirent les armes, espérant, à la faveur d'une émeute, assassiner l'Impératrice; mais elle prévint la sédition par un édit.

Milord Dervent-Waters, Grand-Maître en 1735, conspira contre l'état, et fut exécuté à Londres.

Chaque chapitre a un membre voyageur qui visite les autres chapitres, et établit entr'eux une correspondance. Le fameux comte *de Saint-Germain* le fut pour Paris; *Cagliostro* est celui de Naples, et il ne se mêla de la célèbre affaire du collier que pour former à la cour un initié qui conspirât contre elle[7].

---

[6] C'est ce tribunal qui a fourni le sujet de la pièce intitulée *Robert, Chef des Brigands*, et qu'on donne au théâtre de la République. L'auteur philantrope de cette pièce trouveroit sans doute deux sujets intéressans dans l'histoire de *Jacques Molai*, et dans celle du *vieux de la Montagne*. Qu'ils seroient bien reçus par les trente mille amis de Babeuf!

[7] Ceux qui prirent quelqu'intérêt à l'affaire du collier, peuvent se rappeler la loge égyptienne établie à Paris par Cagliostro, et la scène plaisante de phantasmagorie préparée pour illuminer le Cardinal de Rohan. Le comte de Saint-Germain et Cagliostro avoient coutume de se dire âgés de plusieurs siècles: c'est

Quoique les loges maçonniques soient fermées en France, le chapitre créé par Jacques Molai existe toujours, et jamais les Templiers Jacobins ne furent plus puissants. « Des Calvinistes, des hommes de toutes les sectes, des personnages considérables, d'anciens ministres, des généraux d'armée, des membres des premières assemblées conspirent encore : un club établi Morat, est le foyer de la conspiration ».

Les principaux initiés, qui ont joué un rôle dans la Révolution française, sont *Mirabeau, Fox, le Duc d'Orléans, Robespierre, Clootz, Danton, Dumouriez, St. Fargeau.* Le Grand-Maître actuel est le *Duc de Sudermanie*, Régent de Suède.

C'est par la prise de la bastille que commença la révolution, et les initiés la désignèrent aux coups du peuple, parce qu'elle avait été la prison de *Jacobus Molai*. Avignon fut le théâtre des plus grandes atrocités, parce qu'il appartenait au Pape, et qu'il renfermait les cendres du grand-maître. Toutes les statues des rois furent abattues afin de faire disparaître celle d'Henri IV qui couvrait la place où Jacques Molai fut exécuté : c'est dans cette même place *et non ailleurs*, que les initiés voulaient faire élever un colosse foulant aux pieds des couronnes et des tiares, et ce colosse n'était que l'emblème du corps des Templiers. Que de traits je pourrois rappeler ! mais je me borne aux principaux faits.

Le roi de Suède était l'allié de Louis XVI, lors de la fuite à Varennes, Gustave vint jusqu'aux frontières

---

qu'ils datoient leur naissance, comme les initiés, du jour où périt Jacques Molai, 18 mars 1314.

pour le recevoir et le protéger ; mais le duc de Sudermanie fit assassiner son frère par Ankerstrœum, franc-maçon, qui, précédemment condamné pour vol à être pendu, avait obtenu sa grâce du Roi. Comme tout Templier *peut gouverner*, mais ne peut pas régner, on a vu aussitôt le duc de Sudermanie faire alliance avec les Jacobins de Paris, enlever aux nobles Suédois beaucoup de leurs privilèges, restreindre les prérogatives du jeune roi dont il est tuteur, et *contre les jours duquel on a déjà attenté deux fois*.

D'un autre côté, le grand-maître du chapitre de Paris, Philippe d'Orléans, opérait la chute de Capet et de sa famille. Pour arriver au but marqué par les initiés, il fallait frapper de grands coups, et les frapper rapidement. Pendant deux ans, les Adeptes tinrent chapitre dans le palais du grand-maître, ensuite dans le village de Passy. C'est là que Sillery, Valence, Dumouriez, d'Aiguillon, Clootz, Lepelletier, Mer… l'abbé S…, les Lameth, Mirabeau, D., — C…, le Baron de M…[8], Robespierre préparaient les plans qu'ils livraient aux conjurés du second ordre ; c'était Barère, Thu…, Void…, Danton, Roe…, Pétion, Marat, Brissot, Clootz, Ta…, &c. qui devaient les soutenir, les développer, les traduire en langue *philosophico-révolutionnaire*, et les faire prêcher au peuple par l'organe des Manuel, Gorsas, Carra, Héhert, Collot, Lou…, Ché…, &c.

L'or de Philippe n'est point épargné ; d'abord les parlements sont divisés, on parvient ensuite à les

---

[8] Le cachet dont se sert ordinairement M… porte la devise de l'ordre.

détruire. Pour mettre le peuple en action, d'Orléans accapare les blés[9] et les exporte dans les îles de Gersey et Grenesey, tandis que ses coryphées accusent le Gouvernement d'organiser la famine. Leurs agents parcourent les campagnes, massacrent les nobles, les riches, les prêtres, incendient les châteaux et ravagent les moissons. Les propagandistes séduisent les troupes, et se répandent dans l'étranger ; ils y préparent l'assassinat de Gustave, les mouvements de Berlin[10] ; le déchirement de la Pologne[11], les dissensions de la Hollande, l'insurrection des Liégeois, et le soulèvement des Pays-Bas.

Après avoir fait les journées des 5 et 6 octobre, Philippe se rend lui-même à Londres pour conspirer avec Fox, Stanhope, Shéridam, les Docteurs Price et Priestley. Les initiés établissent le club des Jacobins, et rappellent le Grand-Maître. Peu après son retour, les journées du 20 juin et du 10 août renversent le Trône[12]. Philippe avait épuisé ses coffres, et son ambition le perdit. Après la mort du Roi, il croyait saisir les rênes de l'état ; il eût réussi sans doute, mais les

---

[9] Voyez l'histoire de la conspiration de Philippe, 3 vol., Paris, 1796.
[10] Tous les Journaux du temps s'accordent à dire que c'est dans les loges maçoniques que se préparoient ces mouvemens ; l'autorité les arrêta à temps.
[11] Personne n'ignore que Kocsiusko vint prendre ses instructions à Paris, et qu'il fréquenta le duc d'Orléans.
[12] En mars 1788, le Roi avoit voulut s'attacher d'Orléans par une double alliance. Il proposoit de marier la fille de Philippe au fils aîné du comte d'Artois, et le duc de Chartres à une princesse de Naples, mais fidèle au serment parricide, Philippe avoit refusé.

initiés se divisèrent. La perte des Bourbons, jurée par les Templiers, ne lui permettait de gouverner qu'en perdant son nom ; il crut qu'il suffisait d'y renoncer ; il renie son Père à la tribune des Jacobins ; il proteste à la Commune que sa mère, prostituée, reçut dans son lit un cocher, et qu'il est le fruit de ces impudiques amours. Il supplie humblement qu'on lui ôte son nom, et il prend celui d'*Égalité*. Mais Robespierre avait déjà un parti, et d'Orléans, méprisé même de ses complices, est sacrifié.

Tandis que Clootz, illuminé prussien, et Chaumette renversaient les autels, un Italien, et Cagliostro conspiraient à Rome. Cagliostro fut jeté dans les cachots du château Saint-Ange, et l'autre Templier fut pendu, masqué, et avec cet écriteau : *C'est ainsi qu'on punit les Francs-Maçons.*

L'Empereur périt bientôt victime des ennemis jurés des Rois. Léopold ne tarda pas à le suivre ; le valet de chambre de l'Empereur, soupçonné d'avoir empoisonné son maître et Léopold, a fait, dans ses interrogatoires, l'aveu de ces deux crimes, et a déclaré en avoir reçu le salaire du duc d'Orléans[13].

Depuis quatre ans l'Irlande s'agite et menace de se soulever : elle possède un chapitre de Templiers. Les chefs sont à Londres, et déjà Georges assailli quatre fois, a pensé perdre la vie le 13 octobre et le 3 février de cette année.

Un journal de pluviôse dernier, nous apprend que les Francs-Maçons ont pris en Irlande le nom de *Defen-*

---

[13] Voyez le Journal des Jacobins à cette époque, article Correspondance.

ders, et que *James Veldor*, condamné le 22 décembre à Dublin, comme coupable de haute trahison, portait sur lui l'écrit suivant.

Demande. Je suis intéressé ?

Réponse. Et moi aussi.

— *D.* Avec qui ?

— *R.* Avec la Convention nationale.

— *D.* Quel est votre but ?

— *R.* La liberté

— *D.* Où est votre projet ?

— *R.* Sa base est fondée sur le roc.

— *D.* Que vous proposez-vous ?

— *R.* De subjuguer toutes les nations, de détrôner les rois...

— Où le coq a-t-il chanté, quand tout l'univers l'a entendu ?

— *R.* En France.

— *D.* Quel est le mot de passe ?

— *R.* Eliphismatis.

Ces faits tendent à prouver, que si les étrangers, les antireligionnaires, les anarchistes ont sans cesse troublé la tranquillité publique, ils n'étaient que les instruments d'une faction constamment conspiratrice, celle des initiés, qui, parlant toujours des grands intérêts du peuple, n'est occupée que des siens. C'est dans cette faction que se confondent les Orléanistes, les Dantonistes, les Girondins, les terroristes, et tous ces noms inventés pour tromper les gens crédules. Les grands troubles politiques se sont opérés près des points de réunion des chapitres des Templiers. C'est en Suède, en Angleterre, en Italie, en France que les trônes sont attaqués, chancellent ou tombent, que la puissance ecclésiastique se détruit, et que les vrais Francs-Maçons, les Jacobins, ligués sur la tombe de *Jacobus Molai*, établissent l'indépendance, s'emparent des richesses et du gouvernement. Les premiers électeurs de Paris (*Lavigne, Moreau de Saint-Méry, Deleutre, Duveyrier, Danton, Dejoly, Champion, Keralio, Guillotin*[14], etc.) La première commune de cette ville, les premiers Jacobins, étaient presque tous Francs-Maçons, et à la tête des loges, quoiqu'il n'y eût en France que vingt-sept initiés. On ne sera plus surpris, si bientôt on voit tomber sous le glaive le roi d'Angleterre, le roi de Suède, le pape et l'empereur.

Il y a donc en Europe une foule de loges maçonniques ; mais elles ne signifient rien. Les vrais Maçons Templiers ne sont que cent huit sur la terre ; ce sont eux qui, par vengeance, par ambition, et par système, ont juré le massacre des rois, et l'indépendance de l'univers. Dans leurs conférences, s'agitent les grandes questions d'état. Si l'un d'eux révèle le secret, il est puni de mort. Tout membre a fait à l'ordre le sacrifice de sa vie, et l'ordre en dispose souvent, si cela est utile ses intérêts.

Toutes les cérémonies des loges ordinaires, quoique

---

[14] Guillotin, à jamais célèbre par sa terrible invention mécanique, qu'on ne doit jamais cependant qu'à ses principes d'humanité, étoit vénérable d'une loge. C'est là qu'il fabriqua la fameuse *pétition des six corps*, qui le fit nommer aux états généraux.

conformes au but de l'association, puisqu'il n'y est question que de venger la mort d'un certain *Hiram*, architecte du *temple de Salomon*, ne servent qu'à masquer la constitution de l'ordre, et à éprouver ceux qu'on appellera à connaître le grand secret[15]; car on ne peut se présenter soi-même au chapitre, quand même on en connaîtrait l'existence.

Deux souverains seuls ont su toute la vérité sur la maçonnerie, et ne l'ont pas craint : c'est Frédéric et Catherine. Le roi de Prusse actuel, qui est grand-maître d'une loge d'Illuminés, n'est que la dupe d'une comédie insignifiante, mais il est entouré d'initiés; et quand leur parti sera plus fort, Guillaume subira le sort du roi de Suède.

Le duc de Sudermanie n'est pas le seul prince initié. L'oncle de Guillaume est Templier[16]. Le prince Potenski, ce fameux ministre de Catherine, son amant, et l'assassin de Pierre III, était Templier. On croit que

---

[15] Une des épreuves sublimes en usage dans les loges, est de poignarder, dans une caverne, l'assassin d'Hriram, d'apporter sa tête sur l'autel, et de boire dans un crâne humain. Le récipiendaire a les yeux couverts d'un bandeau : on lui fait égorger un mouton dont on lui fait tâter le cœur qui palpite (l'estomac de l'animal est rasé) Pendant que le récipiendaire se lave les mains, on substitue à la tête du mouton une tête de cire ensanglantée, que le Franc-Maçon aperçoit quand il a les yeux libres, et qu'on enlève à l'instant, pour lui laisser l'illusion. À la Réception du duc d'Orléans, la tête portoit *une couronne d'or*.

[16] C'est sous ses auspices que les meneurs voulurent, en 1792, envoyer à Berlin le C. L∴ d d'Av∴., auteur dramatique, pour organiser une révolution qui mit Henri à la tête du Gouvernement. L'auteur, qui n'étoit point Templier, et qui craignoit d'être pendu, refusa très-sagement.

le grand-duc est initié, et que c'est un des motifs qui lui ont fait refuser la couronne à sa majorité.

Tel est, en peu de mots, le mystère de la Franc-Maçonnerie, dénié, nié, ignoré, ridiculisé pendant cinq siècles. Cela peut paraître une fable à celui qui ne connaît pas les ressources immenses de cette secte ; mais qu'il soit admis une fois dans une simple loge, et l'esprit qui y règne, lui fera juger de celui qui doit animer les chefs.

Que n'auraient point fait les sectateurs de Molai, si l'horreur de la tyrannie, si le sentiment de la véritable liberté n'avaient amené le 9 thermidor ! Pendant quelque temps, on crut au règne des lois ; les Jacobins, partout démasqués, cachaient dans l'ombre la honte et le mépris dont ils étaient couverts : mais ils ourdissaient de nouvelles trames ; ils aiguisaient de nouveaux poignards.

L'indignation générale repoussait dans les départements les criminels proconsuls gorgés d'or et du sang des peuples ; ils se virent au moment de perdre le pouvoir que l'estime et la confiance publique ne réservaient qu'aux législateurs laborieux, ils sentirent qu'ils rendraient compte de leur conduite, s'ils ne parvenaient, à quelque prix que ce fût, à conserver l'autorité qu'ils avaient usurpée, à rendre à leurs affidés le crédit perdu, à venger la mort de Robespierre ! Une nouvelle révolution fut décidée. Que le vulgaire inconstant et crédule s'imagine que les journées de Vendémiaire sont le fruit de *seuls* efforts du royalisme, qui, libre de se prononcer dans les assemblées primaires, *n'a pas compté plus de cent votants pour lui*, qu'il croie que vingt-quatre sections de Paris, qui n'avaient ni armes, ni munitions, ni vivres, ni finances, ni centre de réunion, ont conspiré sous les baïonnettes de cinquante mille étrangers ; qu'il croie que ceux qui réclamaient hautement l'exercice entier des droits du peuple sont les ennemis de la liberté !... Ce n'est pas pour lui que j'écris ; il ne pourrait m'entendre ; mais vous ne vous laisserez pas tromper, vous qui savez juger la conduite des hommes par l'intérêt qu'ils ont à agir ; vous qui savez que le moyen d'augmenter sa puissance est de se rendre nécessaire, en créant des dangers imaginaires, et que le secret de cacher des crimes est d'en accuser ceux qu'on veut immoler : vous vous rappellerez toutes ces lois révolutionnaires rendues après l'acceptation de la constitution, les émissaires envoyés dans les départements, les courriers retardés, les journaux interceptés par le gouvernement, le secret des lettres violé : vous vous rappellerez de quelle étrange manière on a rendu compte du vote des départements, et ce système de calomnie exercé contre les sections de Paris, avant même qu'elles fussent ouvertes ; vous les verrez entourées, pressées, menacées par une armée formidable, tandis que les égorgeurs de Septembre, les assassins de 93, armés par les comités, se plaçaient insolemment entre le peuple et la représentation nationale, prêts à frapper l'un ou l'autre, suivant les circonstances, et vous ne tarderez pas à connaître les véritables conspirateurs.

Si le tableau de ces temps malheureux ne suffit pas pour vous éclairer, vous jetterez les yeux sur celui que vous offre maintenant la république. Vingt-deux départements livrés au gouvernement militaire, le midi comprimé par les monstres qui ont incendié Bédouin, et qui composèrent l'inquisition d'Orange ; les exclusifs promus aux places les plus importantes ; le gouvernement trompé par ce sectaire adroit, qui, toujours couvert d'un voile mystérieux, fut tour à tour le conseiller de Philippe et de Robespierre : enfin, à la tête des autorités, les partisans du Grand-Maître des initiés, le duc d'Orléans[17]...

Que de réflexions font naître un pareil rapprochement !

Ce n'était pas assez pour les initiés conspirateurs de tromper, d'égarer, et quelquefois même de maîtriser le gouvernement ; il fallait encore réaliser les rêves *cauchemariques* de Marat, de Carier et de Joseph Lebon. Persuadés que l'audace effrénée du crime l'emporte sur le courage de la vertu, comptant également sur l'aveuglement du peuple, sur la pusillanimité des propriétaires, sur le crédit des députés exclus, sur l'appui des Montagnards, ils osent proclamer leurs principes désorganisateurs. Toulon, Périgueux, Limoges, Arras, Bourges, Amiens, Dijon, Besançon, Arles, Tarascon, livrées leurs partisans, secondent leur projet. On méprise d'abord leurs vociférations, mais bientôt leur plan est connu ; qu'il est vaste, atroce et digne d'eux ! Sylla, Marius, Octave, vous n'êtes que des brigands

---

[17] *Merlin*, ci-devant président du conseil du duc d'Orléans ; *Leclerc*, fils du cocher de son altesse jacobite, adjudant général ; le *marquis de Barbantane*, commandant à Marseille ; *le comte de la Touche*, vice-amiral ; *Commeras*, défenseur officieux de Philippe, envoyé en Suisse, etc. etc. etc. etc.

subalternes. Vos proscriptions que l'univers abhorre, n'étaient que le passage orageux de la liberté à un despotisme régulier ; mais Babeuf, Amar, Antonelle, Vadier ont des conceptions plus hardies. Le massacre, l'incendie, le viol, la famine, la guerre civile, la peste, le pillage, rien n'est oublié dans leur complot anarchique. Les horreurs des premiers jours de la révolution se retracent avec délice à leur imagination ; ils promettent comme une faveur, comme une récompense le spectacle hideux et terrible de ces têtes défigurées, promenées sur des piques, de ces corps mutilés et traînés dans la fange. Le supplice des Berthiers, des Foulons, menace tous les hommes vertueux et leurs entrailles palpitantes doivent, comme celles de Witt, être offertes pour aliments au peuple. Les modernes Catilina sont démasqués ; mais Tullus n'a point encore paru dans le sénat ; ils sont arrêtés : mais tel est le sentiment de leur force, de leurs ressources, de leur puissance, qu'ils menacent dans leurs fers, et que du fond de leur prison ils prêchent la révolte et le carnage.

Quelle sera l'issue de cet horrible complot ? Je l'avouerai, le nombre immense des coupables, qui ne sont pas connus, la sécurité apparente du Gouvernement, la lenteur du corps législatif, l'indigence du peuple m'épouvantent ; un seul moment de faiblesse peut tout perdre. Puissent mes sinistres pressentiments ne pas se réaliser ! puisse le peuple jouir paisiblement de sa constitution, *ne plus permettre les proscriptions* ! Puissent la paix générale et le calme intérieur mettre fin à la révolution, et ne coûter des larmes qu'aux ennemis de la liberté !